Smalltalk

Schritt für Schritt zum Smalltalk Experten: Problemlos wertvolle Kontakte knüpfen und neue Freundschaften schließen

Eine komplette Liste aller Bücher von Tim Winter finden Sie unter http://amzn.to/29KRLBJ

Inhaltsverzeichnis

Einleitung

Smalltalk? Ja, schon mal gehört. Vor allen Dingen eher gehört, denn selbst weiß man nie so richtig, was man sagen soll. Oder was nicht. Manchen scheint es ja wirklich leicht zu fallen, mit Fremden in ein lockeres Gespräch zu kommen, ganz gleich wo. Sie scheinen dadurch richtig gut aufzufallen und knüpfen damit auch noch reihenweise neue Kontakte. Stimmt – so ist das mit dem Smalltalk, wenn man ihn beherrscht.

Sie tun das nicht? Na, dann wird es Zeit, diese Kunst zu erlernen. Das können Sie. Sind Sie schüchtern? Sie denken, Sie haben wenige „Social Skills“? Sie sind nicht von sich als interessanter Redner überzeugt? Alles kein Problem. Mit der richtigen Hilfestellung kann jeder Smalltalk erlernen.

Dieser Ratgeber konfrontiert Sie mit typischen Situationen, in denen einem die Worte zu fehlen scheinen, durchleuchtet das Thema Smalltalk von A bis Z und zeigt Ihnen anhand praktischer Beispiele und Übungen, wie Sie verschiedenste Unterhaltungen meistern. Und zwar so, dass es Ihnen irgendwann in Fleisch und Blut übergeht.

Was ist Smalltalk?

Smalltalk – nur etwas für die Wordgewandten und großen Redner?

Manche Menschen scheinen einfach mit einem gewissen Talent auf die Welt gekommen zu sein, das Sie persönlich niemals so perfekt beherrschen werden können, so scheint es. Während eine längere Stille mit anderen Menschen am Tisch Sie nervös werden lässt, können andere butterweich und charmant ein Gespräch in Gang bringen und freundlich lächelnde Zuhörer finden. Wenn Sie mit einem Vorgesetzten auf den nächsten Fahrstuhl warten, beißen Sie sich auf der Lippe herum, in dem krampfhaften Bedürfnis etwas zu sagen, nur dass Ihnen kein vernünftiger Anfang, geschweige denn ein richtiges Thema einfällt. Andere wissen scheinbar immer sofort interessante Dinge zu erzählen und können selbst Trivialitäten wie das Wetter in einen angenehmen Plausch verwandeln. Von Schüchternheit, Nervosität und Sprachlosigkeit keine Spur.

Ja, manche haben es gut und Sie fühlen sich neben solchen Konversationstalenten klein und unbedeutend und nehmen an, Sie seien für diese sozialen Verhaltensweisen einfach nicht geschaffen. Dafür gibt es keinen Grund!

Sicher, einige von uns haben für bestimmte Dinge schon immer ein Händchen gehabt. Jeder hat etwas, das ihm einfach liegt. Das heißt noch lange nicht, dass andere diese Fähigkeit nicht auch erwerben können. Zumal es sich beim Smalltalk um eine soziale Vorgehensweise handelt und weder bestimmte körperliche Voraussetzungen, noch bestimmtes Wissen verlangt – sprich, es ist etwas, das im Grunde jeder erlernen kann. Dafür ist es weder nötig, sich zu verstellen, noch muss man sich auf irgendwelche Mittel zurückgreifen, die einem eigentlich sonst nicht gefallen.

Im Übrigen wissen Sie ja auch gar nicht, ob der Kollege, der den Smalltalk scheinbar so perfekt beherrscht, nicht auch durch Übung und Erfahrungssammlung dorthin gekommen ist, ohne dieses Talent in die Wiege gelegt bekommen zu haben.

Was Smalltalk NICHT ist

Wenn Sie nach einem Ratgeber zum Smalltalk gesucht haben, dann vielleicht nicht nur deshalb, weil Sie Tipps, Hilfestellung und Antworten suchen, sondern möglicherweise auch, weil Sie dem Thema bislang eher skeptisch gegenüberstanden. Nicht immer genießt dieser Begriff einen guten Ruf. Oft ist von Belanglosigkeit die Rede, davon, eine Stille auf Biegen und Brechen überbrücken zu wollen und davon zu reden, ohne tatsächlich etwas zu sagen zu haben. Vorurteile, von denen Sie sich verabschieden sollten. Denn wer beim Smalltalk überzeugen will, muss auch vom Smalltalk überzeugt sein. Um sich den gängigsten Clichés entgegenzustellen, Smalltalk ist kein(e):

- **Zeitverschwendung** – viel mehr effektives Nutzen von Zeit, um Leute besser kennenzulernen.

- **Tratsch** – Gerüchte und negative Bemerkungen zu anderen haben beim Smalltalk nichts verloren.

- **Ausfragerei** – Natürlich gehören zum guten Konversationsfluss auch Fragen und Erkundigungen. Was nicht heißt, dass eine nach der anderen wie bei einem Interview gestellt werden soll. Auch gehört es sich nicht, auf Teufel komm raus, dem Gesprächspartner seine privatesten Details zu entlocken.

- **Leeres Gerede** – Nur, weil es kein tiefgehendes, stundenlanges Gespräch ist, muss Smalltalk noch lange nicht belanglos sein.

Also – was ist Smalltalk eigentlich?

Smalltalk wird als „formlose Plauderei ohne Tiefgang" definiert. Das kommt mehr oder weniger hin – nur, dass sich die meisten Menschen der positiven Konsequenzen dieser Form der Unterhaltung nicht bewusst sind. Wer den zwanglosen Plausch beherrscht und leicht mit seinen Mitmenschen ins Gespräch kommt, kann sich damit viele Türen öffnen, ganz gleich, ob im Privat- oder im Berufsleben. Das klingt jetzt schon wieder so, als sein Smalltalk eine unfeine oder fragwürdige Methode, um sich Vorteile zu verschaffen. So ist es aber nicht. Beim Smalltalk wird weder unnötig geschmeichelt, noch etwas getan, was Ihnen einen unfairen Vorsprung verschafft. Der Schlüssel zum Erfolg ist hier, dass man Sie ganz einfach in guter Erinnerung behalten wird – mit Fug und Recht. Für Freundlichkeit, sozialer Kompetenz und dafür, dass Sie ein interessanter Mensch sind. Und das sind Sie. Jeder von uns ist auf seine Weise interessant und Wert beachtet zu werden. Man muss es nur zeigen.

Trotz seiner einfachen Definition lässt sich Smalltalk im „Ernstfall" nicht immer so leicht umsetzen, wenn man Schüchternheit ausstrahlt, wenig Erfahrung im freundlichen, spontanen Gespräch hat oder den Fehler macht, die Regeln des Smalltalks zu ignorieren. Jawohl, Smalltalk hat Regeln. Und es gibt sogar Strategien, sowohl verbale als auch physische. Damit klingt das Thema schon gar nicht mehr so oberflächlich und trivial, nicht wahr?

Smalltalk – Aus gutem Grund

Smalltalk im Berufsleben

Die Kunst des Smalltalks kann sich vor allem im beruflichen Bereich als äußerst nützlich erweisen. Gerade mit Vorgesetzen und dem Chef ist es oft nicht leicht, ins Gespräch zu kommen. Und private oder eindringliche Konversationen sind nun mal zwischen den Rängen (genau genommen ist es allgemein im Büro so, wenn man sich noch nicht gut kennt) einfach nicht angebracht. Genauso wenig möchte man sich aber mit dem Chef ausschließlich über rein geschäftliche Themengebiete unterhalten.

Wer den Smalltalk beherrscht, kann mit seinen Vorgesetzten – und natürlich auch den Kollegen – auf einer freundlichen Ebene kommunizieren und im Glücksfall eine gemeinsame Basis finden. Sie hinterlassen einen positiven, sozialen Eindruck, gewinnen an Sympathie und bleiben dem anderen sicher länger im Gedächtnis als der Kollege, der nie etwas zu sagen weiß. Unlängst gilt der Smalltalk als erprobte Methode fürs „Networking", also um neue

Kontakte innerhalb der Geschäftswelt zu knüpfen. Aus dem kleinen Gespräch können sich große Möglichkeiten ergeben.

Smalltalk im Privatleben

Man könnte meinen, bei der privaten Kontaktherstellung außerhalb von Büro und Professionalität darf man direkter zur Sache gehen. Stellen Sie sich aber vor, Sie besuchen die Feier – Hochzeit, Geburtstag – eines Freundes und kommen mit Unbekannten ins Gespräch. Selbst bei so fröhlichen Anlässen rückt man nicht einfach mit intimen Details zum Leben heraus oder stürzt sich gleich in eine hitzige Debatte. Trotzdem können sich mit dem locker-freundlichen Anfang hier letztendlich Freundschaften oder gar mehr ergeben.

Dank Smalltalk kann man sich bei solchen Gelegenheiten erst einmal ausgiebig beschnuppern. Sozusagen unverbindlich testen. Man entdeckt mögliche Gemeinsamkeiten und sieht, ob man auf einer Wellenlänge liegt.

Weitere Vorteile des Smalltalks

Wenn Sie bereits bis hier hin aufmerksam gelesen haben – und davon gehe ich aus – konnten Sie einige Vorteile des Smalltalks erkennen. Weitere Vorteile möchte ich Ihnen im Folgenden komprimiert erläutern.

Beim Smalltalk soll es nicht nur darum gehen, dass sich Ihr Gegenüber bei der zwanglosen Plauderei wohlfühlt. Eine freundliche Unterhaltung hinterlässt auch bei Ihnen ein glückliches und zufriedenes Gefühl. Gerade, wer früher nicht so richtig aus sich rauskam und bei derartigen Anlässen still und verlegen reagierte, freut sich über dieses kleine Erfolgserlebnis. Wenn Sie Smalltalk gut beherrschen, werden Sie stets einen guten und geselligen Eindruck hinterlassen. Allein durch die Tatsache, dass man mit Ihnen locker in eine nette Unterhaltung kommt, wird Sie bei anderen Menschen beliebt machen. Selbst beim Flirten ist der Smalltalk ein guter erster Schritt. Klar, irgendwann möchte man dieser Person ganz nahe sein, aber auch hier sollte man nicht gleich alles im ersten Gespräch auspacken.

Generelle Ängste, vor denen Sie keine Angst zu haben brauchen

Trotz all der positiven Dinge, die der Smalltalk mit sich bringen kann, wagt nicht jeder den Sprung ins kalte Wasser. Wer mit sozialen Hemmungen belastet ist, fürchtet sich oft vor Folgendem:

1. **„Dann halten die mich für aufdringlich"**
   Wer andere nett begrüßt und eine leichte Unterhaltung in Gang bringt, wirkt weder aufdringlich noch neugierig. Gerade, wenn andere Personen selbst irgendwo neu oder fremd sind, werden diese sogar froh sein, dass sich jemand die Mühe macht und sie nicht still und leise herumstehen müssen.

2. **„Mit mir will der/die sicher nicht reden"**
   Ihr Gegenüber hat höchstwahrscheinlich keinerlei Gründe so etwas zu denken oder andere Personen Ihnen vorzuziehen. Warum sollten Sie also schlechter als potentieller Gesprächspartner dastehen als irgendwer sonst (vorausgesetzt, es geht hier nicht um einen Flirt. Da sucht man sich eben jene aus,

die einem in den ersten Sekunden am besten gefallen. Ob der erste Eindruck bleibt, ist aber abzuwarten)? Höchstens die Angst vor der Ablehnung selbst oder ein nervöser, unsicherer Auftritt kann dazu führen, dass andere Ihnen vorgezogen werden.

3. **„Ich will nicht so viele Details über mich preisgeben“**
   Smalltalk heißt nicht umsonst so. Es ist keine Debatte, kein tiefschürfendes Gespräch und auch keine Fragestunde. Indiskrete Fragen werden Ihnen normalerweise gar nicht gestellt. Und selbst wenn man Ihnen mal mit einer etwas Persönlicherem kommt, sind Sie nicht verpflichtet darauf zu antworten.

Wer bezüglich dieser Punkte zu jungen Jahren schlechte Erfahrung machen musste: Wir sind nicht mehr auf dem Pausenhof – ein Glück. Inzwischen erwarten Ihnen Erwachsene in der Regel mit sozialer Kompetenz.

Zeitpunkt und Ort für Smalltalk – wovon hängt guter Smalltalk ab?

Das Schweigen im Aufzug ist ein Klassiker. Tatsächlich als Ort für Smalltalk eher ungeeignet, denn letztendlich dauert so eine Aufzugsfahrt selten so lange, als dass man zu mehr als der Begrüßung und zu einem *„Wie geht's?"* kommt. Es sei denn, Sie kennen die Arbeitsweise jenen Aufzugs und wissen, wenn er jetzt erst vom elften Stock zu Ihnen herunterfahren muss, werden Sie und Ihr Gegenüber noch einige Minuten brauchen, bis Sie auf Ihrer jeweiligen Ebene angelangt sein werden. In dem Fall wird Ihnen sogar das Beenden der Konversation abgenommen, denn die geht dann zu Ende, wenn Sie Ihr Stockwerk erreicht haben.

Die wirklich perfekten Gelegenheiten für Smalltalk sind:

1. **Der erste Tag im neuen Büro**
   Überhaupt die beste Chance einen guten ersten Eindruck zu machen, ist der erste Tag im neuen Büro. Hier ist Smalltalk einfach

angebracht. Sie wollen die neuen Kollegen kennenlernen und diese Sie. Ohne dabei gleich zu viel vom privaten Bereich freizugeben und ohne die Grenzen des freundlichen Kennenlernens zu überschreiten.

2. **Veranstaltungen im Freundeskreis**
   Fröhliche Stimmung und Leute, die man vielleicht noch nicht kennt. Hier darf man ruhig davon ausgehen, dass sämtliche Anwesende neuen Kontakten sehr offen gegenübersehen, diese sogar wünschen.

3. **Berufliche Veranstaltungen**
   Betriebsfeiern oder Messen sind der perfekte Ort fürs Networking. Die Gemeinsamkeit liegt ja bereits in der Branche.

4. **Beim Einkaufen. Oder wenn die Post kommt. Und dergleichen.**
   Bestimmt ergeben sich keine Vorteile für Sie, wenn Sie ein wenig mit dem Postboten plaudern, während er Ihre Briefe heraussucht. Und wahrscheinlich werden Sie die Frau, die Sie immer beim Bäcker bedient, nie außerhalb

der Backstube treffen. Macht nichts. Leute in solchen Sektoren haben den ganzen Tag lang mit Menschen zu tun, aber nicht jeder macht sich die Mühe sich mit Ihnen zu unterhalten. Diese Situationen sind unverfänglich und ganz und gar harmlos. Kurz, die perfekte Gelegenheit an seinen Smalltalk-Skills zu arbeiten! Auch das Fitnessstudio oder der erste Tag im neuen Sportverein sind bestens geeignet.

Was den Zeitpunkt betrifft, so werden Sie selten von vornherein wissen, ob der potentielle Gesprächspartner genügend Zeit für eine Unterhaltung hat, egal wie kurz diese ausfallen mag. Da es für Smalltalk keine festgelegte Zeitspanne gibt, gilt selbst ein Gespräch, das in Sekunden berechnen lässt.

Solange die Person nicht gerade mit etwas anderem beschäftigt ist, das die ganze Aufmerksamkeit verlangt, dürfen Sie es jederzeit wagen.

Gute Smalltalk-Themen

Allgemein erkennt man ein passendes Smalltalk-Thema daran, dass es folgende Punkte erfüllt:

1. **Sie sind positiv**
2. **Frei von Kontroversen und Streitpunkten**
3. **Thema interessiert viele Leute**
4. **Man braucht kein spezielles Fachwissen**, um dem Gespräch folgen zu können – es sei denn natürlich, es handelt sich um ein branchenspezifisches Arbeitsgespräch.

Dazu gehören unter anderem (aber natürlich nicht ausschließlich):

Das Wetter

Der Klassiker, von dem stets entweder zu- oder abgeraten wird. Tatsächlich darf ein Regenschauer – oder der Mangel eines solchen – ruhig zum Thema werden, gerade als Einstieg, solange Sie es nicht übertreiben und minutenlang nur darüber sprechen. Vielleicht fällt Ihnen ja eine kleine Anekdote zum letzten Sturm ein und Sie können das Thema noch etwas unterhaltsamer gestalten.

Übung Nr. 1

Gesprächspartner: *„Tolles Sommerwetter. Nur Regen, seit ich heute Morgen das Haus verlassen habe".*

Anstatt Ihrerseits nur zu bestätigen, dass Sie den Dauerregen im Juli ebenfalls nicht toll finden – wer hätte das gedacht! – und das Gespräch mit zwei Sätzen gleich wieder zum erliegen zu bringen, holen Sie doch etwas mehr aus diesem Punkt heraus. Nun könnten Sie sich zum Beispiel freundlich nach den Lebensumständen des anderen erkundigen.

Sie: *„Ja, furchtbar. Kommen Sie mit der U-Bahn zur Arbeit oder mussten Sie durch die Flut laufen?"*

Oder Sie haben etwas zum Schmunzeln beizutragen:

Sie: *„Ich dachte heute früh noch, eigentlich brauche ich nicht extra den Schirm einzupacken, da meine Jacke eine Kapuze hat. Als es dann anfing zu regnen, wurde mir klar, dass ich die falsche Jacke angezogen hatte.“*

Reisen und Urlaub

Reisen gehört zu den beliebtesten Hobbies der Menschen in Deutschland. Kaum einer verreist nicht gerne. Ob ein Wochenende in einer anderen Stadt, der luxuriöse Strandurlaub oder der Roadtrip durch die USA – Reisen bieten nicht nur viel Gesprächsstoff, sie eignen sich auch hervorragend als Vorlage für anknüpfende Themen: Sehenswürdigkeiten, Geschichte, andere Kulturen. Es ist nicht einmal nötig genau am selben Ort gewesen zu sein, um hier Gemeinsamkeiten zu finden.

Hobbys und Freizeitaktivitäten

Der eine praktiziert außergewöhnliche Sportarten, der andere zeichnet seine eigenen Comics und wieder andere spielen mit Herzblut Instrumente. Hier ist es nicht nötig einen gemeinsamen Nenner zu finden, da man den eigentlich schon dadurch hat, dass man etwas gerne in seiner freien Zeit tut. Über die eigenen Interessen zu sprechen und dieses anderen näher zu bringen, macht auf beiden Seiten Spaß und baut Neugier auf. Falls sich dann auch noch herauskristallisiert, dass der Gesprächspartner ebenfalls eine Form von „Martial Arts“ (Kampfkunst) lernt – super! Damit steht dem Konversationsfluss nichts mehr im Wege.

Fähigkeiten

Sie sprechen eine Fremdsprache, können sehr gut mit Photoshop umgehen oder wissen alles über das Anlegen eines eigenen Gemüsegartens? Damit stehen Sie nicht nur als interessante Person da, man kann aufgrund solcher Skills auch auf Sie zurückkommen. Der Gesprächspartner sucht vielleicht irgendwann mal nach einem typisch spanischen Sprichwort und weiß, dass er sich damit an Sie wenden kann. Oder empfiehlt einem anderem Kollegen/Freund sich bei Ihnen nach Tipps für die beste Pflege für Tomatenpflanzen zu erkundigen.

Andersrum funktioniert das natürlich genauso. Wenn man einander helfen kann, kommt noch schneller ein Gefühl von Vertrauen und Vertrautheit auf. Solche Kontakte können irgendwann immer nützlich sein.

Anekdoten und lustige Geschichten

Wer andere zum Lachen bringt, gewinnt schnell an Sympathie. Doch auch hier macht die Dosis das Gift, denn nicht jeder hat dieselbe Auffassung von Humor. Von derben Witzen sollten Sie Abstand halten, ebenso Storys, die Sie selbst blamieren, auch wenn Sie selbst darüber lachen können. Zwanghaft als lustiger Mensch dastehen zu wollen, lässt einen eher zum Klassenclown werden.

Aktuelle Ereignisse

Das Thema ist meist sowieso schon in aller Munde. Bitte dabei nur nicht gleich mit Meinungen ins Haus fallen. Bei manchen Dingen geht man vielleicht automatisch davon aus, dass der andere sie teilt, aber hier kann man böse überrascht werden.

Übung Nr. 2

Die nächste EM oder WM läuft. Wenn der andere sich für Fußball interessiert, gibt es immer etwas darüber zu sagen – aber werden Sie nicht zum verbalen Hooligan.

Gesprächspartner: *„Am Samstag spielt ja dann Deutschland gegen Frankreich."*
Sie: *„Ja, ich freue mich schon darauf. Hoffentlich werden die arroganten Franzmänner haushoch geschlagen und heimgeschickt!"*

Antworten Sie nicht so beim Smalltalk mit Personen, die Sie nicht gut kennen. Das wirkt unseriös und kann gleich ein schlechtes Licht auf Sie werfen. Sie wollten eigentlich nur gutmütig Ihren Enthusiasmus für die deutsche Mannschaft zeigen und sind davon ausgegangen, dass der andere sicher ebenfalls „für sein Land" stimmt, doch das kann ganz schön nach hinten los gehen. Wenn sich nun herausstellt, dass der Ihr Gegenüber zum Teil Franzose ist, haben Sie hier sicher keinen neuen Freund gewonnen. Das bedeutet selbstverständlich nicht, dass Sie Ihre eigene Meinung nicht äußern dürfen.

Versuchen Sie sich ähnliche Situationen vorzustellen und wie Sie auf aktuelle Geschehen reagieren können, ohne ins Extrem zu gehen und automatisch anzunehmen, dass der Gesprächspartner dieselben Ansichten und Vorlieben hat.

Zum Beispiel:

a) Sie: *„Frankreich gegen Deutschland wird bestimmt spannend. Sind Sie für die deutsche Mannschaft oder eher für die Blauen?"*

b) Sie: *„Plötzlich scheint jeder dieses Pokémon Spiel auf seinem Handy zu haben und überall sieht man Leute allen Alters nach Pokémon jagen. Haben Sie diese App auch? Ich hatte mit Pokémon noch nie etwas zu tun, aber es scheint ja wirklich sehr viele Leute anzuziehen."* (Anstatt rigoros zu erklären, dass Sie das Phänomen und seine Spieler für schwachsinnig halten).

c) Sie: *„Jetzt hat Apple die Apple Watch endlich auf den Markt gebracht. Für mich ist das Gerät nichts, denke ich, ich kann damit nicht viel anfangen. Aber Sie vielleicht? Gefällt Ihnen die Idee von der* *hochmodernen Armbanduhr mit so vielen Funktionen?* (Anstatt das Produkt gleich als überteuerte nutzlose Spielerei abzustempeln).

Grundsätzlich gilt: Findet man Gemeinsamkeiten, läuft der Smalltalk bald wie geschmiert. Wann immer Sie geteilte Interessen entdecken, dürfen Sie gerne bei diesen Punkten bleiben.

Manchmal lässt sich in dieser Hinsicht aber einfach kein gemeinsamer Nenner finden. Das muss noch lange nicht bedeuten, dass Sie und Ihr Gegenüber keine geeigneten Gesprächspartner sind. Wenn Sie sich mal in Ihrem Freundeskreis umsehen, gibt es doch bestimmt auch Menschen, die eng befreundet sind, ohne unbedingt dieselben Interessen, Geschmäcker oder Hobbys zu teilen. Lassen Sie sich vom Mangel an Gemeinsamkeiten nicht abschrecken und lassen Sie zu, dass man Ihnen auch mal von Dingen erzählt, die Sie für gewöhnlich nicht so interessieren. Wer weiß, vielleicht tun sich ja noch ganz neue Ansichten auf.

No-Gos, Fettnäpfchen und schlechte Themengebiete

Smalltalk soll einen positiven Eindruck hinterlassen, weshalb sich negative Themen logischerweise von vornherein verbieten. Darüber hinaus gibt es aber auch allgemeine Gebiete, von denen Sie sich beim Smalltalk lieber fernhalten sollten.

Zu den heiklen Themen, die sich nie als gute Gesprächsgrundlage erweisen werden, gehören Geld, Religion, Politik und alles, was im sehr privaten Bereich des Lebens liegt, wie Probleme in der Ehe, Krankheiten, Schicksalsschläge oder ähnliche Krisen.

Selbst, wenn Sie persönlich weniger Hemmungen haben und es Ihnen nichts ausmacht, Leuten davon zu erzählen, ist von (negativen) intimen Punkten abzuraten. Ihr Gegenüber wird sich schnell unbehaglich darüber fühlen, mit unglücklichen Erzählungen Ihrerseits konfrontiert zu werden und das Gefühl haben, dass von ihm Reaktionen wie Trost erwartet werden.

Eine weitere Sache, die beim Smalltalk nichts zu suchen hat, vor allem in der Berufswelt: Über andere reden. Gut, gegen freundliche Bemerkungen über gemeinsame Bekannte, Freunde und Kollegen ist nichts einzuwenden. Lästern oder gar Gerüchte sind jedoch absolute No Gos. Klingt logisch, doch das Genussgefühl eines solchen Verhaltens ist nicht zu unterschätzen. Wer ein Geheimnis oder einen Tratsch zu berichten weiß, findet schnell interessierte Zuhörer, die einem an den Lippen hängen.

Negative Themen allgemein, selbst wenn Sie sich sicher sind, dass der Gesprächspartner dieselbe Einstellung zu diesen hat, hinterlassen keinen guten Eindruck, im schlimmsten Fall können Sie damit andere gar verletzen. Wenn die Bahn mal wieder zu spät kam, kann man zwar davon ausgehen, dass der Gesprächspartner sich auch darüber ärgert, doch was, wenn Sie ein Bemerkung wie „Diese Clowns bei der Bahn können aber auch gar nichts richtig machen“ fallen lassen und der Gesprächspartner Freunde oder Familie bei dem Betrieb hat? Hier können Sie ganz schnell ins Fettnäpfchen treten und werden dem anderen eher in schlechter Erinnerung bleiben.

Übung Nr. 3

Das einfachste, was Sie tun können, um einen Fauxpas zu vermeiden, ist erst zu denken, dann zu sprechen. Dafür ist keine lange Pause notwendig, in der Sie das Für und Wider eines Satzes abwägen. Ob Ihnen Ihre Aussage kontrovers angerechnet werden kann oder Sie sich damit möglicherweise in die Nesseln setzen, wird Ihnen schnell klar werden. Dann lieber tief Luft holen und etwas anderes sagen. Dazu gehört aber nicht nur schlechte Themengebiete zu vermeiden, sondern auch angemessen auf diese zu reagieren, falls Sie doch zur Sprache kommen sollten – schließlich kann Ihr Gegenüber genauso unbeabsichtigt ins Fettnäpfchen treten.

Eine neutrale Antwort und ein Themenwechsel kann den Verlauf wieder auf die angenehme Bahn lenken. Mehr dazu später. Auch Monologe haben beim zwanglosen Gespräch nichts zu suchen. Zwar ist es schön Zuhörer zu haben und vielleicht haben Sie auch viel Interessantes zu erzählen, aber wenn Sie zwei Drittel der Zeit das Wort haben, hat das nicht mehr viel mit Konversation zu tun.

Versuchen Sie die folgenden Dinge im Gespräch mit einer Ihrer Vertrauten anzuwenden. Sagen Sie Ihrem Partner (Ihrer Mutter, Ihrer Tochter, etc.), dass Sie den Smalltalk mit ihm üben wollen. Die folgenden Punkte sollten Sie hier beachten, um den Smalltalk zu trainieren.

1. **Erst denken, dann reden**

   Denken Sie erst nach, bevor Sie sprechen. Antworten Sie mit Bedacht.

2. **Keine No-Go-Themen**

   Vermeiden Sie es, mit Ihrem Gesprächspartner über die oben genannten No-Go´s zu sprechen.

3. **Passend reagieren**

   Bitten Sie Ihren Gesprächspartner für diese Übung, dass <u>dieser</u> absichtlich die No-Go´s anwenden soll. Reagieren Sie hierauf mit einer neutralen Antwort und wechseln Sie bewusst das Thema.

4. **Führen Sie einen Dialog**

   Vermeiden Sie einen Monolog. Man sagt, dass

man von seinem Gegenüber zunehmend genervt sein wird, wenn dieser mehr als 30 Sekunden am Stück redet. Führen Sie also mit Ihrem Übungspartner einen ausgiebigen Dialog. Auch, wenn Sie bisher noch nicht alles über den Smalltalk wissen, probieren Sie sich doch einmal jetzt schon. Die guten Smalltalk-Themen haben Sie im vorherigen Kapitel mit an die Hand bekommen.

Übung Nr. 4

Sie befinden sich öfters in der Situation, in der Sie eifrig reden und reden? Bremsen Sie sich selbst, indem Sie einfach mal tief Luft holen und eine Pause einlegen. Vielleicht kann Ihr Gegenüber ja dann die Gelegenheit und das Wort ergreifen. Falls nicht, stellen Sie eine Frage wie:

Sie: *„Was denken Sie darüber?"*
oder
Sie: *„Haben Sie so etwas Ähnliches auch schon mal erlebt?"*

So kann der andere wieder einsteigen und wird sich nicht genervt fühlen.

Das Eis brechen

Nun haben Sie also schon ein paar gute Tipps und Ideen dafür, wie und worüber Smalltalk zu führen ist. Was aber nützt all das Wissen, wenn man nicht angesprochen wird. Da steht man nun in der perfekten Situation für den Plausch, wartet aufs Stichwort und nichts passiert. Es scheint gar niemand etwas von Ihnen hören zu wollen.

Alles umsonst? Ganz und gar nicht. Denn dann übernehmen Sie eben den ersten Schritt. Auch das Eis zu brechen ,will gelernt sein. Wie man das Gespräch in Gang bringt, hängt aber von der jeweiligen Situation ab.

Treffen Sie auf eine bekannte Person, sind ein Gruß und Augenkontakt auf jeden Fall der erste Schritt. Eigentlich der perfekte Einstieg, denn wenn die andere Person nicht gerade in abgrundtief schlechter Laune oder allgemein komplett unsozial ist (womit sie sich als Smalltalk-Ziel ohnehin erledigt hätte), ist Ihnen ein Lächeln und eine freundliche Erwiderung des Grußes gewiss. Eine großartige Vorlage.

Fast noch einfacher ist es aber mit Fremden. Eine Veranstaltung, ein Vortrag oder ein Meeting mit externen Kollegen ist nicht nur die perfekte Gelegenheit ein Gespräch in Gang zu bringen, es gibt auch mehr als genügend Themen zu Einstieg.

Die folgenden Sätze sind super „Eis-Brecher". Prägen Sie sich am besten diese Sätze ein. Auch hier gilt: Seien Sie entspannt und freundlich.

„Und woher kennen Sie (Name des Gastgebers etc.)?"
„Haben Sie gut hergefunden? Wie war Ihre Reise so?"
„Möchten Sie vielleicht auch ein Glas xxx?"
„Wie gefällt es Ihnen hier bislang?"
„Schön, dass wir uns in XY (Stadt/Ort) wieder sehen. Was halten Sie von der Stadt?"

In Gesprächskreise einsteigen

Smalltalk ist nicht immer zwingend ein Dialog. Er kann auch zwischen mehr als zwei Personen stattfinden. Allerdings ist es manchmal nicht so leicht, als Außenstehender auf eine Gruppe zuzutreten, die gerade fröhlich vor sich hin plauscht und einfach in das Gespräch einzusteigen, selbst wenn man sicher willkommen ist. Aber auch daran können Sie arbeiten.

Eis muss in einem etablierten Gesprächskreis zwar nicht mehr gebrochen werden, aber irgendwie muss die Kontaktaufnahme ja stattfinden. Wenn man nicht auf die Optionen von dem Kapitel „Wie Sie andere von sich überzeugen und interessant wirken“ zurückgreifen kann, weil man es nicht nur mit einer einzelnen Person zu tun hat, müssen eben weitere Methoden her, um in den Kreis einzuschmelzen.

Hier dürfen Sie die Sache ruhig langsam angehen lassen. Mitten ins Gespräch hineinzuplatzen, ist nur dann eine gute Idee, falls Sie mitbekommen, dass die Leute über etwas grübeln, das Sie zufällig wissen und beantworten können. Wenn Sie also im Vorbeigehen hören, wie die Gruppen-Smalltalker überlegen, wie die bekannte Schauspielerin hieß, die in der deutschen Version der „Simpsons“ Marge ihre ikonische Stimme verlieh und freundlich in den Kreis hineinrufen „Elisabeth Volkmann“, dürfen Sie das gerne als gelungenen Einstieg nutzen.

Andernfalls empfiehlt es sich erst einmal näher an die Ansammlung heran zu rücken.

Nicht immer ist eine Gruppe offen für neue Teilnehmer. Wenn die Personen sehr eng beinander stehen, vielleicht gar die Köpfe in den Kreis neigen, wird schnell klar, dass dies nicht der beste Moment ist, sich dazuzugesellen. Dann versuchen Sie Ihr Glück lieber woanders.

Wirkt der Kreis aber eher geöffnet, mit genügend Abstand zwischen den einzelnen Teilnehmern, geht es fröhlich und laut zu, dann ist dies eine gute Gelegenheit, um sich zu integrieren.

Hören Sie eine Weile lang zu, nehmen Sie immer wieder mal kurz Augenkontakt mit dem Sprecher und einem anderen Mitglied auf und wenn ein Gespräch geführt wird, zu dem Sie etwas beitragen könnten, dann schließen Sie sich an.

Kleiner Tipp: In eine Gruppe mit einer ungeraden Zahl an Teilnehmern lässt es sich meist leichter einsteigen. Dann steht in der Regel eine Person frei und kann sich dann direkt mit Ihnen unterhalten, anstatt hauptsächlich zuzuhören. Das aber nur als Insider-Hinweis. Lassen Sie sich von der Mathematik bloß nicht abschrecken, falls Sie eine interessante Truppe bestehend aus vier Leuten erblicken.

Und wenn Sie irgendwann mal in die Situation geraten, in der Sie selbst bereits Teil einer Gruppe sind, die sich fröhlich am Smalltalk beteiligt, und merken, dass jemand gerne dazu stoßen würde, machen Sie es demjenigen einfach und lotsen ihn mit einem Lächeln und Winken in den Kreis.

Gute Frage – Offene Frage

Offene Fragen stellen

Gesprächspartner: *„Finden Sie das Wetter auch so furchtbar?"*
Sie: *„Ja."*

Gesprächspartner: *„Mögen Sie Katzen?"*
Sie: *„Nein."*

Nichts bringt einen Gesprächsfluss schneller zum Erliegen als geschlossene Fragen, also solche, die sich nur mit „Ja" oder „Nein" beantworten lassen. Viel mehr gibt es dann schließlich von Seiten des Gegenübers auch nicht dazu zu sagen. Schlimmer noch, viele solcher Fragen aneinandergereiht haben etwas von ausfragen.

Achten Sie darauf, auf offene Fragen, zurückzugreifen. Also Fragen, die mit sogenannten Interrogativpronomen beginnen: Was gefällt Ihnen … Welchen finden Sie am besten … Wie ist Ihre Meinung zu …

Damit bringen Sie den Gesprächspartner dazu, mehr von sich preiszugeben. Offene Fragen sorgen dafür, dass der Andere auch tatsächlich über eine bestimmte Sache sprechen wird, das Thema vertieft und Ihnen im Idealfall sogar die Möglichkeit gibt, weitere Fragen zum Detail anzuhängen. Auf diese Weise entdecken Sie vielleicht auch gemeinsame Interessengebiete.

Übung Nr. 5

Sie waren kürzlich im Kino und möchten mit Ihrem Gegenüber über das Thema Filme reden. So sollten Sie es bitte nicht tun:

Sie: *„Ich war am Samstag im Kino und habe den neuen Star Wars Film gesehen. Mögen Sie Science-Fiction-Filme?“*

Ihr Gesprächspartner kann auf diese Weise direkt mit „Ja“ oder „Nein“ antworten. Aus einem potentiellen „Ja“ könnte man hier vielleicht sogar ein paar Kommentare zum Film herausholen.

Lautet die Antwort aber „Nein", ist das Thema so gut wie verloren.

So wird es gemacht:

Sie: *„Ich war am Samstag im Kino und habe den neuen Star Wars Film gesehen. Welche Filme gefallen Ihnen denn so und warum gefallen diese Ihnen?"*

Das ist eine sehr gute Vorlage, um Gemeinsamkeiten zu entdecken und das Gespräch am Laufen zu halten. Aber selbst wenn Sie keine Gemeinsamkeiten vorfinden werden, wird der Gesprächspartner doch das Bedürfnis verspüren, mehr von sich zu erzählen und seine Meinungen und Vorlieben zu diesem Thema äußern.

Umgekehrt kann es natürlich genauso funktionieren. Falls der andere selbst eine geschlossene Frage stellt, dürfen Sie ruhig über das „Ja" und „Nein" hinaus ins Detail gehen:

Gesprächspartner: *„Ich habe am Samstag den neuen Star Wars Film gesehen. Mögen Sie Science-Fiction-*

Filme?"

Sie: *„Ja. Den neuen Star Wars habe ich allerdings noch nicht gesehen. Mein letzter Film war „The Avengers". Comic-Verfilmungen mag ich fast noch lieber. Was halten Sie denn von denen?"*

An und für sich eine einfache Sache, aber die Ja-Nein Fragetechnik ist oft jene, auf die wir automatisch zurückgreifen.

Machen Sie zur Übung ruhig ein Spiel daraus. Überlegen Sie sich gängige Alltagsfragen und schreiben Sie diese Fragen auf. Wandeln Sie diese Fragen so um, dass man nicht mit Ja oder Nein darauf antworten kann. Irgendwann geht diese Art der Frage-Struktur ganz mühelos auf Sie über.

Körpersprache, Mimik und Gesten

Ein Bild sagt mehr als tausend Worte. Zumindest können Gesprächspartner mehr als 50% des Eindrucks einer Person aus deren Körpersprache, Mimik und Gestik entnehmen. Smalltalk ist daher nicht nur eine mündliche Angelegenheit. Ebenso wichtig wie das Gesagte ist beim Reden Ihr Auftreten.

Für die positive Körperhaltung gibt es sowohl in der sitzenden als auch in der stehenden Position Regeln. Zunächst aber sollten Sie stets auf folgende allgemeingültige Verhaltensweisen achten, damit Sie einen offenen Eindruck erwecken:

1. **Sehen Sie Ihren Gesprächspartner an**
   Gerade als Zuhörer vermittelt man sonst schnell den Eindruck, dass einen das Gesagte eigentlich gar nicht so interessiert. So wird Ihr Gegenüber dann schnell die Lust verlieren, weiter mit Ihnen zu sprechn. Zugleich sollen Sie dem anderen aber auch nicht ununterbrochen ins Gesicht starren. Wenden Sie den Blick ruhig zwischendurch mal kurz ab, aber lassen Sie den Gesprächspartner nicht annehmen, dass etwas anderes Ihre Aufmerksamkeit auf sich gelenkt hat.

2. **Lächeln Sie**
   Kein breites Joker-Dauergrinsen ist notwendig, aber ein lockerer, freundlicher Zug um den Mund herum macht jedes Gespräch gleich viel freundlicher und vertrauter.

3. **Verständnisvoller Gesichtsausdruck**
   Wird über ein eher ernstes Thema gesprochen, bei dem ein Lächeln nicht angebracht ist, versuchen Sie sich auf einen verständnisvollen, aber entspannten Gesichtsausdruck zu beschränken. Stirnrunzeln, hängende Mundwinkel oder zusammengekniffene Augen erwecken einen negativen Eindruck, selbst wenn das aktuelle Gesprächsthema selbst nicht allzu positiv ist. Man muss es ja nicht noch schlimmer machen.

4. **Ab und an einfach mal nicken**
   Nicken Sie zwischendurch, um zu zeigen, dass Sie folgen können und ganz Ohr sind.

5. **Schenken Sie volle Aufmerksamkeit**
   Sie haben eine Mappe bei sich, eine Tasche oder sitzen gerade am PC, während das Gespräch stattfindet? Die Aufmerksamkeit sollte ganz dem Sprechenden gehören. Sie müssen die Aktentasche nicht unbedingt ablegen, versuchen Sie aber bitte diese nicht wie ein Schutzschild vor sich zu halten. Das kann als abwehrende Haltung interpretiert werden. Auch in der Tasche herumkramen oder zugleich etwas am PC machen ist tabu.

6. **Behalten Sie das Handy in der Tasche**
   Finger weg vom Handy! Zwar scheint heutzutage jeder ununterbrochen das Mobiltelefon in der Hand zu haben, aber beim erfolgreichen Smalltalk hat das Gerät nichts verloren. Herumspielen oder Nachrichten abrufen, während des Gesprächs ist unhöflich und lassen Sie desinteressiert wirken.

7. **Halten Sie Ihre Hände still**
   Mit den Fingern trommeln, sie verknoten, an Kleidung oder Haar zupfen, sprechen für Unsicherheit und Nervosität.

Körperhaltung beim Smalltalk im Sitzen

Achten Sie beim Smalltalk im Sitzen auf eine aufrechte Sitzhaltung. Natürlich müssen Sie nicht stocksteif auf dem Stuhl sitzen. Entspannen Sie sich ruhig, aber eben auch nicht lässig auf dem Polster lümmeln.

Die Hände sind auf den Lehnen bestens aufgehoben. Falls keine Lehnen vorhanden sind, locker auf dem Tisch mit angewinkelten Ellbogen nebeneinander setzen. Falls aus irgendeinem Grund auch kein Tisch vorhanden ist: in derselben Position ab in den Schoß damit.

Die Beine locker gerade zu halten, ist immer eine gute Wahl. Wenn Sie mit überschlagenen besser sitzen, dürfen Sie das ruhig tun, nur sollten Sie sich dann für eine Position entscheiden. Häufiger Wechsel lässt auf Unsicherheit und Unkonzentriertheit schließen. Das überkreuzende Bein sollte möglichst immer in Richtung des Gesprächspartners zeigen, andernfalls sieht es so aus, als wollten Sie sich lieber von ihm abwenden. Bitte unterlassen das typische „Beinezucken“.

Körperhaltung beim Smalltalk im Stehen

Auch hier gilt: Aufrecht, aber bitte nicht steif und unbeweglich wie ein Roboter.

Verschränkte Armen können – je nach Körpergröße – sowohl dominant als auch distanziert wirken und keines von beiden nicht gut an. Für Ihr Gegenüber drückt das meist Abweisung aus (das gilt auch beim Smalltalk im Sitzen!).

Ihre Beine müssen nicht haargenau nebeneinanderstehen. Eines darf ruhig ein Stück weiter vorne stehen, was Sie locker wirken lässt.

Hauptsache, die Fußspitzen sind nicht nach innen

gekehrt, denn das lässt wiederum schüchtern und verlegen wirken.

Ist Ihr Gesprächspartner deutlich kleiner als sie, machen Sie bitte nicht den Fehler und beugen Sie sich zu ihm hinab wie zu einem Kind. Das mag zwar gut gemeint sein, wirkt aber sowohl überheblich, als auch unbequem. Bei auffallendem Größenunterschied ist es besser, ein wenig zur Seite zu treten. Von diesem Blickwinkel aus ragt der eine dann nicht mehr so weit über den anderen hinaus und ein Gefühl von gleicher Ebene entsteht.

Was den Abstand zum Gegenüber angeht, so können die Wohlfühl-Zonen variieren. 50cm gelten aber als passendes Maß, um dem Gesprächspartner nahe genug zu sein ohne dabei aufdringlich zu wirken.

Puh – klingt, als wäre das eine ganze Menge an Vorschriften, die es zu behalten und zu beachten gilt, wenn man beim Smalltalk richtig auftreten möchte. Tatsächlich ist es aber gar nicht so kompliziert, denn die beschriebenen Körperhaltungen sind jene, die man ganz von selbst einnimmt, solange man entspannt und selbstbewusst ist. Früher oder später befinden Sie sich ganz automatisch in diesen Positionen.

Übung Nr. 6

Am besten können Sie die richtige Körpersprache vor dem Spiegel proben. Damit Sie dabei nicht krampfhaft an die Sache herangehen – so wie es Ihnen möglicherweise beim Small Talk mit Fremden passiert -, sorgen Sie für eine angenehme Atmosphäre. Lassen Sie Ihre Lieblingsmusik oder gar eine Serie im Hintergrund laufen, denken Sie an ein erfreuliches Ereignis, irgendetwas, was Ihnen hilft sich zu entspannen und locker zu werden. Denn so sollen schließlich später auch dem Smalltalk-Partner gegenübertreten. Wenn Sie sich selbst freundlich und vertraut gegenübersitzen oder stehen können, klappt das später auch mit anderen.

Auch Lächeln will gelernt sein und zwar nicht wie auf einem Foto. Versuchen Sie die Mundwinkel locker zu halten, wenn sie diese zu einem Lächeln formen. Hier hilft es wieder an ein besonders schönes Ereignis zu denken, ob es nun in der Vergangenheit liegt oder noch kommt. Ein freundlicher Gesichtsausdruck, welcher der Ehrlichkeit entspringt, erzeugt eine positive Ausstrahlung. Lächeln Sie Ihrem Spiegelbild bei dieser Übung also ruhig solange zu, bis sie selbst davon überzeugt sind, dass Ihr Zwilling ehrlich gut gelaunt ist.

Wenn Sie Ihr Lächeln sicher beherrschen, müssen Sie später im Ernstfall auch nicht zwanghaft an etwas anderes denken, nur um denselben Effekt zu erzielen. Freuen Sie sich darüber, dass das Gespräch gut läuft, die andere Person ebenfalls freundlich dreinblickt.

Wie Sie andere von sich überzeugen und interessant wirken

Letztendlich soll es nicht nur ein interessantes Gespräch werden, sondern auch von Ihnen selbst einen überzeugenden Eindruck hinterlassen. Ihr Smalltalk muss für den anderen keine weltverändernde Offenbarung werden, aber ihm doch das Gefühl geben, dass es eine anregende Unterhaltung war und man sich gerne wieder mal sprechen möchte.

Vielleicht sind Sie ja von Ihrer eigenen Person noch nicht richtig überzeugt und finden sich selbst erst einmal gar nicht so interessant. Jetzt aber bloß nicht den Fehler begehen und sich selbst als jemanden präsentieren, der man nicht ist, nur um mehr aus der eigenen Person rauszuholen. Oder großes Interesse an Dingen zu zeigen, von denen man eigentlich nur sehr wenig Ahnung hat.

Nehmen wir an, das Gespräch führt zum Thema Frankreich oder Französisch. Ein recht unbekanntes Gebiet für Sie? Dann halten Sie sich an jene Punkte, von denen Sie auch wirklich etwas verstehen. Wenn Sie vor zehn Jahren ein paar Französisch-Stunden hatten, von denen nur sehr wenig hängen geblieben ist, wäre das hier eine denkbar schlechte Vorgehensweise:

Gesprächspartner: *„Wir fahren fast jeden Sommer nach Frankreich, wir haben dort Verwandte."*
Sie: *Oh, Frankreich, wie schön. Wissen Sie, ich habe Französisch gelernt."*
Gesprächspartner: *„Ah, oui? Le français est une langue merveilleuse, n'est-ce pas□? Et où avez-vous l'appris?"*

Das Schulfranzösisch von damals reicht vermutlich nicht aus, um eine Konversation in der Sprache zu führen und anstatt sich damit interessant zu machen, stehen Sie verlegen und schlimmstenfalls als ein schlechter Prahler dar. Wichtig ist, dass der interessante Aspekt der Wahrheit entspricht und Substanz hat. Eine viel bessere Antwort wie in diesem Beispiel hier wäre:

Sie: *„In Frankreich war ich auch schon mal, nämlich in … Und besonders gut gefallen hat mir …"*

oder

Sie: *„Ich habe auch Verwandte im Ausland. Sie leben in …“*

oder

Sie: *„Ach, dann sprechen Sie vielleicht auch ein wenig Französisch? Die Sprache hat mir immer sehr gefallen, auch wenn ich Sie nicht beherrsche, aber dafür kann ich ziemlich gut Spanisch sprechen.“*

Übung Nr. 7

Denken Sie an Themen, wie man ihnen in einer Quiz-Show begegnen könnte: Reisen, fremde Kulturen, sportliche Hobbys, Haustiere etc. Erstellen Sie im Kopf ein kleines Netzwerk und überlegen Sie, ob Sie das aktuelle Thema mit naheliegenden Dingen verknüpfen können, für die Sie echtes Interesse, Wissen oder Fähigkeiten aufbringen. Oder über das sie ganz einfach etwas Unterhaltsames zu berichten wissen.

Sie haben bereits eine ganze Palette an interessanten Hobbys, Talenten und Wissensvorräten? Das ist super, denn dann gibt es viel zu erzählen – aber bitte

immer in Maßen, nicht in Massen verwenden.
So bitte nicht:

Sie: *„Ich kann Klavier und Gitarre spielen. Montags gehe zum Bogenschießen, mittwochs bin ich beim Krafttraining und an den Wochenenden stehe ich früh zum Joggen auf. Außerdem zeichne ich gerne, beherrsche drei Sprachen fließend und gelte als der beste Koch in meinem Freundeskreis."*

Damit zeigen Sie zwar deutlich, dass Sie ein aktiver Mensch mit vielen Interessensgebieten sind, stehen aber auch schnell mal ans Angeber oder Perfektionist da. Wer außerdem gleich alles auf einmal auspackt, hat beim nächsten Mal nicht mehr viel zu erzählen. Bleiben Sie bescheiden und prahlen Sie nicht. Man wird auch so Gefallen an Ihnen finden.

Ein Gespräch ordentlich führen und galant beenden

Es heißt zwar Gesprächsfluss, doch damit ist nicht gemeint, dass irgendjemand ununterbrochen reden muss, damit ja keine zwei Sekunden Stille entstehen. Pausen sind erlaubt. Genauer gesagt sogar erwünscht. Fühlt man sich in der Gesellschaft des anderen wohl, darf es durchaus mal etwas still sein.

Was tun, wenn Kontroversen aufkommen?

Man kann noch so perfekt Auto fahren, wenn die anderen auf der Straße es nicht tun, kann es trotzdem zu gefährlichen Situationen kommen. So ähnlich auch beim Smalltalk. Über die Tabus und schlechten Themen sind Sie sich bewusst. Was der andere sagt, lässt sich jedoch nicht kontrollieren und so kann es passieren, dass trotz aller Freundlichkeit plötzlich auf einen Streitpunkt gestoßen wird oder Ihr Gesprächspartner etwas sagt, was Sie für sehr heikel oder zweifelhaft halten.

In so einer Situation bitte nicht ins dasselbe Horn

blasen, selbst wenn Sie die negative Kritik vielleicht nachvollziehen können. Hier ein paar Beispiele.

Beispiel A:

Sie befinden sich auf einer Veranstaltung mit Buffet. Die Kanapees waren vielleicht nicht die besten und Ihr Gesprächspartner hat keinerlei Hemmungen das auszusprechen.

Gesprächspartner: *„Diese Snacks sind ja wirklich das Allerletzte. Viel zu trocken. Wenn die ihre Gäste hier beeindrucken wollen, sollten Sie nicht so ungenießbaren Fraß auftischen."*

Selbst wenn Ihnen die Kanapees auch nicht geschmeckt haben, wird es doch wohl kaum ein angenehmes Gespräch, wenn man nur über das Essen schimpft und mit Sicherheit keinen positiven Nachgeschmack hinterlassen. Anstatt in die Kritik mit einzusteigen, könnten Sie hier die Aufmerksamkeit des anderen auf etwas Positives lenken.

Sie: *„Die Schnitten standen vielleicht ein wenig zu*

lange an der Luft. Aber haben Sie mal den Kuchen probiert? Der schmeckt wirklich ausgezeichnet. Richtig saftig und nach Schokolade."

Beispiel B:

Sie unterhalten sich mit einem Kollegen. Dieser bringt mit einem Mal einen anderen Mitarbeiter ins Spiel.

Gesprächspartner: *„Kennen Sie Herrn B. aus der Finanzabteilung? Haben Sie gesehen, dass er heute dasselbe Hemd anhat wie gestern auf der Betriebsfeier? Man könnte fast annehmen, dass er die Nacht bei jemandem verbracht hat, der nicht seine Frau ist."*

Zugegeben, Lästern und Tratschen macht bis zu einem gewissen Grad durchaus Spaß. Wir haben es alle schon mal getan. Tatsächlich ergibt sich dadurch sogar ein Gefühl der Verbindung, da man mehr oder weniger eine gemeinsame Meinung entdeckt hat. Trotzdem, von übler Nachrede ist Abstand zu halten. In dem Moment, in dem es geschieht, gefällt es Ihnen, aber ganz sicher werden Sie dadurch dem

Gesprächspartner nicht in guter Erinnerung bleiben. Darüber hinaus muss dieser annehmen, dass Sie bei der nächsten Gelegenheiten auch über ihn herziehen werden – und umgekehrt.

Fängt der Gesprächspartner also mit so einem Thema an, gießen Sie kein Öl ins Feuer. Eine gute Reaktion auf Lästereien wie in genannten Beispiel wäre:

1. **Gleichgültigkeit**
   Kommentieren Sie das Gesagte mit etwas Nichtssagendem. Damit wird dem Lästerer schnell klar, dass Sie der Tratsch nicht interessiert und sie das Thema nicht vertiefen wollen.

   Sie: *„Wer weiß."*
   oder
   Sie: *„Davon habe ich nichts mitbekommen."*
   oder
   Sie: *„Möglich."*
   oder
   Sie: *„Ich kenne Herrn B. kaum."*

2. **Themenwechsel**

Ein abrupter Themenwechsel kann natürlich auch als Taktik zur Tratsch-Vermeidung durchschaut werden, was aber auch vollkommen in Ordnung ist. So können Sie die brenzlige Situation umgehen und dem anderen still und leise zu verstehen geben, dass Sie sich nicht über solche Dinger unterhalten wollen.

Sie: *„Die Betriebsfeier war wirklich schön. Wie lange sind Sie denn geblieben?"*

oder

Sie: *„Da fällt mir ein, ich muss heute noch mit meinen Hemden zur Reinigung. Leider ist meine Waschmaschine derzeit defekt."*

oder

Sie: *„Mir gefällt die Wandfarbe in der Finanzabteilung wirklich gut. Ob die hier bei uns auch irgendwann einmal die Wände wieder streichen werden?"*

Beispiel C:

Menschen können überraschen. Manchmal unterhält man sich und meint, einer wirklich netten Person gegenüberzustehen, bis diese plötzlich eine Bemerkung fallen lässt, die unter die Gürtellinie geht. Etwas Rassistisches, Sexistisches oder ähnlich Unangebrachtes. Es ist gut nachvollziehbar, dass Sie darauf am liebsten mit aller Deutlichkeit reagieren würden, um Ihren Standpunkt klar zu machen. Smalltalk soll aber eben nicht in einer hitzigen Diskussion enden. In einer solchen Situation ist der Streit auch selten etwas wert. Vermutlich werden Sie in dieser kurzen Zeitspanne die Meinung Ihres Gegenübers kaum ändern können – so verhält es sich nun einmal mit Extremen.

In solchen Momenten ist es meist einfach besser, das Gespräch höflich aber eindeutig zu beenden. Natürlich dürfen Sie trotzdem vorher Ihren Standpunkt zum Gesagten deutlich machen. In einem prägnanten Satz, der zeigt, dass Sie darüber anders denken. Und dann nehmen Sie einen der Tipps von weiter unten zum Thema „*Gespräch elegant beenden*“ und ziehen sich elegant aus der Affäre.

Beispiel D:

Ihr Gegenüber scheint sich in Sachen guter Smalltalk noch nicht so auszukennen wie Sie, denn jetzt hat er Ihnen doch tatsächliche eine Frage gestellt, die Sie als zu persönlich finden. Und zwar nicht, weil Sie empfindlich sind, sondern weil es wirklich eine unangebrachte Frage ist.

Nehmen Sie es dem Gesprächspartner nicht übel. Vielleicht hat er in der Sekunde danach schon selbst gemerkt, dass er dieses Thema nicht hätte anschneiden sollen und es ist einfach so im Eifer des Gefechts passiert. Selbst wenn nicht, dürfen Sie die Fragen entweder ganz einfach ignorieren – was ähnlich wie beim Punkt „*Lästern*“ zeigt, dass Sie nicht darüber reden wollen – oder Sie erklären dies kurz und bündig aber freundlich.

Sie: *„Über dieses Thema möchte ich lieber nicht sprechen.“*
oder
Sie: *„Dazu möchte ich nichts sagen.“*
oder
Sie: *„Reden wir doch lieber über etwas anderes.“*

Denken Sie daran, egal, mit wem Sie sprechen und egal, wie weit diese Person über Ihnen stehen mag: Sie müssen keine Frage beantworten, die Sie nicht beantworten wollen. Auch nicht, wenn Sie Angst haben, dass dadurch die gute Stimmung des Gesprächs gekippt wird.

Und falls Sie selbst es sind, dem eine zu intime Frage herausgerutscht ist, verbessern Sie sich einfach rasch.

Sie: *„Verzeihung, das geht mich natürlich gar nichts an."*
oder
Sie: *„Entschuldigung, das ist mir so rausgerutscht. Eigentlich wollte ich fragen, ob…"*

Das kann passieren und ist kein Weltuntergang und wird Ihnen auch nicht übel genommen, wenn Sie zeigen, dass keine unpassende Neugier dahinter steckte.

Gespräche elegant beenden

Und irgendwann ist dann der Zeitpunkt erreicht, wenn man sich nett unterhalten hat, aber spürt, dass dem Gespräch dann doch die Luft ausgeht. Was auch vollkommen in Ordnung ist, denn immerhin heißt es SMALLtalk und soll keine abendfüllende Unterhaltung sein. Man soll sowieso bekanntlich immer dann aufhören, wenn es am Schönsten ist.

Wenn Sie also merken, dass über die angesprochenen Themen nun alles gesagt wurde, was es zu sagen gibt und allmählich Pausen entstehen, dürfen Sie das Gespräch gerne aktiv beenden, falls Ihr Gegenüber das nicht sowieso übernimmt. Nichts geht über einen gelungen Abschluss.

Übung Nr. 8

Folgende Redewendungen dürfen Sie sich gut einprägen, denn diese sollten jeder Form des Gesprächsabschlusses vorausgehen.

„Es war schön sich mit Ihnen zu unterhalten."
„Danke für das angenehme Gespräch."
„Es hat mich gefreut, Ihre Bekanntschaft zu machen."

Sich für die Unterhaltung zu bedanken und damit zu signalisieren, dass es Ihnen Spaß gemacht hat, ist nie verkehrt und hinterlässt einen positiven Eindruck.

Andere Möglichkeiten

1. **Versprechen Sie in Kontakt zu bleiben**
   Sie: *„Wir können gerne in Kontakt bleiben. Wenn Sie mir Ihre Nummer geben, dann melde ich mich bei Gelegenheit bei Ihnen."*

   Toll, wenn sich aus dem Smalltalk ein echter Kontakt ergeben hat. Versprechen Sie aber nur dann sich zu melden, wenn Sie es auch wirklich vorhaben. Andernfalls wird Ihr Gesprächspartner das später als leere Floskel interpretieren, die Sie nur angewandt haben, um der Konversation ein Ende zu bereiten.

2. **Entschuldigen Sie sich**

Sie: *„Wenn Sie mich entschuldigen möchten, ich muss mich noch um ein paar andere Gäste kümmern."*

Es dürfen auch andere Angelegenheiten sein...

Sie: *„Ich habe noch ein wichtiges Telefonat zu führen."*
oder
Sie: *„Ich muss ein wenig frische Luft schnappen."*

Hier dürfen Sie den Vorwand ruhig etwas wichtiger machen, als er eigentlich ist. Vielleicht müssen Sie gar nicht so dringend nach draußen oder das Telefonat muss nicht unbedingt jetzt geführt werden, aber es ist eine akzeptable Entschuldigung und ein eleganter Weg das Gespräch zum Abschluss zu bringen.

3. **Stellen Sie Leute einander vor**

Sie merken schon, wenn Sie jetzt gehen, wird Ihr Gegenüber ganz alleine hier stehen oder sitzen. Dafür müssen Sie sich zwar nicht schuldig fühlen, aber es ist trotzdem nicht so schön. Eine tolle Lösung wäre, den Gesprächspartner anderen Kollegen, Bekannten oder Freunden vorzustellen, damit er nach Ihrem Weggang jemanden hat, dem er sich anschließen kann.

Mit Smalltalk neue Kontakte und Freundschaften knüpfen

Das kurze Gespräch beim Smalltalk soll idealerweise nicht nur ein paar stille Minuten überbrücken. Im besten Falle ergeben sich daraus Kontakte oder sogar Freunde. Ein paar aktive Methoden, um diese zu gewinnen, sind:

1. **Visitenkarten austauschen**
   In der Geschäftswelt gibt es kaum einen besseren Weg nach dem Smalltalk Kontakte zu festigen. So haben beide Seiten am Ende das Gefühl, dass Sie sich als wirklich interessant präsentiert haben. Gerade bei jüngeren Menschen, die vielleicht noch nicht so viele Gelegenheiten hatten, ihre Karte an den Mann zu bringen und stolz sind, endlich eine solche zu besitzen, hinterlässt es ein sehr angenehmes Gefühl.

2. **Handynummern austauschen**
   Mit Mobiltelefonen hat man heutzutage zahlreiche Möglichkeiten zur verbalen oder

schriftlichen Konversation. Wer sich richtig gut unterhalten hat, hat bestimmt auch Lust, das Gespräch mal am Hörer fortzuführen.

3. **Treffen vereinbaren**
   Es hatte sich im Laufe des Gesprächs herausgestellt, dass Sie gerne dasselbe Café besuchen, beide Fußball spielen oder ähnliche Interessen haben, die sich wunderbar vereinen lassen? Dann bietet sich ein Treffen geradezu an. Möglicherweise lässt sich gleich etwas auf ein Datum festlegen, aber vielleicht bleibt es auch erst einmal beim *„Wir müssten unbedingt mal zusammen xxx besuchen“*, ohne dass man sich am Ende wirklich festlegt. Auch das ist ein guter Anfang und zeugt von Interesse.

4. **Auf sozialen Medien vernetzen**
   Im Internet finden heutzutage viele soziale Interaktionen statt – bei manchen sogar mehr als im echten Leben. Die Klassiker sind Facebook, Twitter, Instagram und in der beruflichen Welt **Linkedin** oder Xing. Letztere sind immer eine gute Möglichkeit, um Ihrem Gesprächspartner einen noch besseren

Einblick in Ihren Bildungs- und Karriereweg zu geben. Dort wird auch kaum etwas mitgeteilt, was zu privat für die Öffentlichkeit wäre.

Auf Twitter kann viel passieren. Vielleicht hat sich im Laufe des Smalltalks ja ergeben, dass der andere zu Themen postet, die Sie sehr interessieren. Wenn Sie sich hier als Follower anschließen, lernt man sich noch mal ein bisschen besser kennen, kommt erneut ins private Gespräch und hat möglicherweise später Lust, den Kontakt noch auf andere Ebenen zu vertiefen.

Mit Facebook ist das so eine Sache. Manche haben kein Problem damit, andere als Freunde hinzuzufügen, die sie nur flüchtig (oder manchmal gar nicht) kennen. Manche haben den Account ohne viel damit zu machen, andere stellen dort sämtliche Details zu Ihrem Leben ein. Von sich selbst aus sollten Sie Facebook also lieber nicht als Kontaktmöglichkeit vorschlagen. Das wirkt im schlimmsten Falle einfach zu privat. Tut der andere es, können Sie ja immer noch überlegen, ob Ihnen dies recht ist.

Weitere Ratschläge

Was, wenn ich alles „richtig“ gemacht haben und aus dem Smalltalk trotzdem nicht wurde?

Sie haben sich Mühe gegeben, mit dem anderen ins Gespräch zu kommen, sind mit ehrlicher und positiver Einstellung an die Sache rangegangen und haben sogar das perfekte Thema gefunden – aber trotzdem blieb Ihr Gegenüber eher einsilbig und so richtig warm wurde man miteinander einfach nicht?

Wie in jeder anderen Lebenslage sollten Sie sich hier von Rückschlägen nicht abschrecken lassen und bloß nicht im Nachhinein ewig grübeln, was man hätte anders machen können und minutenlang mögliche Fehler analysieren. Zum Smalltalk gehören immer noch zwei. Vielleicht hatte die andere Person einfach keinen guten Tag und konnte sich beim besten Willen nicht zum lockeren Gespräch aufraffen. Möglicherweise haben Sie jemanden erwischt, der tatsächlich nicht sehr sozial und grundsätzlich nicht auf Kontakte aus ist.

Und wer weiß – vielleicht war er oder sie ja selbst noch Smalltalk-Anfänger? Nicht nur Sie mussten sich erst einmal Ratschläge zu diesem Thema holen. Auch andere sind mal verlegen, nervös oder wissen einfach nicht, was sie antworten sollen. Das kann Ihnen sogar mit Menschen passieren, die „höher“ als Sie gestellt sind.

Kein Beinbruch und dass Sie sich freundlich und sozial verhalten haben, kann Ihnen selbst bei geringer Resonanz niemand schlecht auslegen.

Was tun, wenn ich bei mir Wissenslücken bemerke?

Stellen Sie sich vor, Ihr Gesprächspartner redet mit einer großen Selbstverständlichkeit von einem Thema, weil er annimmt, Sie und überhaupt jeder weiß darüber Bescheid. Das kann nun einmal nicht immer der Fall sein und lassen Sie sich dadurch nicht einschüchtern. Der andere weiß ganz genau, warum Windows Vista so unbeliebt war und Sie nicht? Fragen Sie ruhig nach. Damit zeigen Sie Interesse am Gesagten und geben dem anderen auch die

Gelegenheit, Ihnen ein Thema näher zu bringen, mit dem er sich gut auskennt und über das er sicherlich gerne spricht. Solange es keine „schweren“ Bildungslücken sind (dass Sie dachten, in Mexiko würde man Mexikanisch und nicht Spanisch sprechen, sollten Sie lieber nicht erwähnen), immer raus damit. Das ist doch eines der schönen Dinge am Smalltalk: Man kann jederzeit etwas Neues lernen.

Irgendwie hat sich aus dem Smalltalk nicht wirklich etwas ergeben

Dass Smalltalk richtig effektiv sein kann und auch über das Gespräch hinaus dauerhafte Kontakte einbringen kann, wurde ja nun zu Genüge besprochen. Und obgleich es ein angenehmer Plausch war, sind Sie der Person doch kaum näher gekommen, keine engere Verbindung wurde hergestellt und „mehr“ ist auch nicht daraus geworden? Macht nichts. Dann war es eben einfach ein gutes Gespräch und das ist doch auch etwas wert. Das negative Klischee besagt, dass Smalltalk leeres Gerede ist und eigentlich zu nichts führt. Tatsächlich ist es so, dass Smalltalk zu viel führen kann, aber eben nicht muss. Wenn Sie sich mit jemandem nett unterhalten haben, ist die Zeit ebenfalls gut investiert. Gerade bei schüchternen Menschen stärkt dies das Selbstbewusstsein und lässt einen fröhlicher und aufgeschlossener zurück. „*Siehe da, ich habe mich mit Fremden einfach so unterhalten und es hat Spaß gemacht!*“

Zu guter Letzt

Haben Sie sich in diesem Ratgeber in bestimmten Situationen widererkannt? Wurde Ängste, Sorgen oder gar Vorurteile angesprochen, die Sie empfunden haben, wenn es darum ging, neue Leute kennenzulernen, sich mit Unbekannten zu unterhalten oder ein Gespräch mit Vorgesetzten in Gang zu bringen?

Dann hält Sie auch nichts davon ab, diese Dinge anzugehen und zum Besseren zu ändern. Sie sind weder der/die Erste noch der/die Einzige in einer solchen Situation. Smalltalk und eine spontane interessante Konversation zu beginnen, mag manchen einfach von vornherein liegen, doch dahinter steckt kein außergewöhnliches Talent, das nur an manche Menschen verteilt wurde. Darüber hinaus ist es durchaus möglich, dass jene Leute zwar in der Lage sind, schnell eine Unterhaltung zu führen, die Qualität kann jedoch auf der Strecke bleiben. Vielleicht hält man Sie ja am Ende sogar für den angenehmeren Gesprächspartner, obgleich Sie erst kürzlich den Sprung ins kalte Wasser gewagt haben.

Eines haben die „großen Redner“ aber sicherlich gemeinsam: Selbstbewusstsein. Wer noch dabei ist, sich solches ordentlich aufzubauen, ist beim Smalltalk ohnehin genau richtig, wie Sie nach ein paar gelungenen Gesprächen feststellen werden. Als Anfänger dürfen Sie dann mit dem Wissen „Es kann eigentlich gar nichts passieren“ einsteigen. Entweder passiert nach dem Plausch wirklich gar nichts, was durchaus in Ordnung ist, oder es passiert viel Positives.

Schlussendlich ist Smalltalk auch eine Frage der Übung. Gehen Sie die praktischen Beispiele des Ratgebers Punkt für Punkt durch und Sie sind für alle möglichen Situationen gewappnet, haben immer eine passende Antwort parat und können kaum überrascht werden. Außer davon, wie angenehm diese „formlose Plauderei ohne Tiefgang“ doch sein kann.

Dankeschön

Abschließend möchte ich mich noch von ganzem Herzen bei Ihnen bedanken, dass Sie mit dem Erwerb dieses Ratgebers Vertrauen in mich, meine Erfahrungen und meine Arbeit gesetzt haben.

All das Wissen habe ich mir über die Jahre angeeignet und versuche dieses so gut verständlich und einfach umsetzbar wie möglich zu vermitteln, um Sie auf Ihren Lebensweg zu unterstützen.

Ich hoffe, dass Sie Einiges aus diesem, bewusst kurz gehaltenen Ratgeber, der alles knackig auf Punkt bringen sollte, mitnehmen konnten und mit den Inhalten, Tipps und Tricks positive Veränderungen erzielen. Über ein Feedback Ihrerseits mittels einer kleinen Bewertung auf Amazon würde ich mich sehr freuen.

Ich wünsche Ihnen für Ihre Zukunft alles erdenklich Gute und würde mich freuen, wenn ich Sie mit meinen Erfahrungen und weiteren Tipps unterstützen kann.

Herzlichst grüßt,

Tim Winter

Rechtliches und Impressum

Ich bin stets bemüht, alle Informationen und Angaben in diesem Buch korrekt und auf dem neusten Stand zu halten. Leider ist es trotzdem nie vollkommen ausgeschlossen, dass Fehler und Unklarheiten entstehen. Aus dem Grund übernehme ich keine Gewähr für Aktualität, Richtigkeit, Qualität und Vollständigkeit dieses Werkes. Für Schäden, die durch die (Nicht-) Nutzung dieser Informationen, sowohl mittel- als auch unmittelbar entstehen, hafte ich nicht. Für Hinweise auf Fehler oder Unklarheiten bin ich Ihnen sehr dankbar.

Tim Winter wird vertreten durch

Torben Gebbert
An der Burgstelle 35
28197 Bremen
timwinterautor@gmail.com

22218981R00045

Printed in Poland
by Amazon Fulfillment
Poland Sp. z o.o., Wrocław